Oui, ça existe…

AF143835

LE NOIR DÉMON
Josiane Wolff

Josiane WOLFF

LE NOIR DÉMON

Oui, ça existe…

FSC
www.fsc.org
MIXTE
Papier issu
de sources
responsables
Paper from
responsible sources
FSC® C105338

© 2025 Josiane Wolff
Édition : BoD · Books on Demand,
31 avenue Saint-Rémy, 57600 Forbach,
bod@bod.fr

Impression : Libri Plureos GmbH,
Friedensallee 273, 22763 Hamburg
(Allemagne)
Illustration de couverture : Shutterstock

ISBN : 978-2-8106-2904-6
Dépôt légal : Février 2025

Le harcèlement met en scène deux protagonistes : une bête et sa proie.

Édith Boukeu
Journaliste, Cameroun, Yaoundé

Je m'appelle Gabrielle. Je vis dans un milieu professionnel où sévissent des ventrus ordinaires et des vantards bipolaires persuadés de maîtriser les faits et les gens. Ce sont de dangereux prédateurs.

Ils semblent être des personnages surréalistes. Au fur et à mesure de votre lecture, vous vous direz : Ce n'est pas possible… Elle invente… Non. Croyez-moi. Tout est vrai. J'ai juste changé le nom de ces empereurs autoproclamés. Ce sont les plus dangereux. Mais ce n'est pas important, car ils se ressemblent tous, ces managers à l'égo démesuré. Ils recrutent de lâches lieutenants à compétences à peine suffisantes pour comprendre un manuel d'instructions. Ils les choisissent enclins à la flagornerie et tout aussi manipulateurs qu'eux-mêmes. Préférence est donnée à ceux qui se pensent jeunes loups aux dents longues, qui rêvent de devenir calife à la place du calife, mais ne seront jamais que de malhabiles chiens de troupeau.

Les côtoyant au quotidien, plus d'une fois je me suis dit : *Si ce n'est pas eux qui sont fous, alors c'est moi…* Et puis un jour, Simon, mon voisin de bureau, est mort et j'ai pensé : *ils vont me le payer.*

- Je viens d'apprendre pour Simon.
- Pour Simon ?
- Son papa a téléphoné au service du personnel.
- Son papa ?
- Il a juste dit qu'il était mort, mais on n'en sait pas plus.
- Qu'il était mort ?

A force de m'entendre répéter bêtement la moitié de ses phrases, mon interlocuteur a fini par se rendre compte que je tombais des nues. Il venait sans doute pour quémander quelques détails, mais comprenant son erreur, il s'est excusé et a raccroché.

Simon est mort. Quelle horreur !

J'ai tout de suite pensé à un accident de la route. *What else* pour mourir à trente ans à peine ? Complètement anesthésiée par la nouvelle, je suis restée un long moment dans mon bureau, ne sachant que faire avec cette terrible nouvelle. A travers la cloison, j'entendais des collègues rire aux éclats, sans doute en train de se raconter les quelques anecdotes marrantes de leur week-end. Quand je les ai rejoints près de la machine à café, à voir ma tête, ils ont tout de suite compris qu'un malheur était arrivé.

Nous avons eu la confirmation *officielle* du suicide de notre jeune collègue l'après-midi, à une réunion de travail avec le Directeur de notre division. Il est entré dans la salle et a juste dit : *Comme vous le savez sans doute, Simon s'est suicidé. Dimanche chez son papa. Il faut dire qu'il était un peu fragile. Il avait sans doute de gros problèmes personnels. Nous le regretterons beaucoup car il travaillait très bien*. Puis il a demandé une minute de silence. Nous étions une dizaine. Nous nous sommes mis debout et avons attendu que la minute soit écoulée. Allez savoir pourquoi, je me suis soudain souvenue que *la minute de silence* fut observée pour la première fois le 11 novembre 1922 et qu'avant elle, on sonnait les cloches et tirait le canon. J'ai senti monter un fou rire nerveux. Heureusement pour la mémoire de notre jeune gestionnaire décédé, après seulement vingt secondes le directeur a dit : *Bon, au travail maintenant. C'est la vie !*

Après la réunion, il est reparti comme si de rien n'était. Personne n'a reparlé de Simon ce jour-là. Les jours suivants non plus d'ailleurs. Comme si nous nous sentions tous un peu coupables de ce qui lui était arrivé…

Je ne sais pas comment mon collègue a mis fin à ses jours et je ne veux pas le savoir. Je crains trop de faire des cauchemars. Je ne cesse de penser à son air triste le vendredi qui précédait son acte désespéré. Il revenait d'une réunion qui ne s'était sans doute pas très bien passée.

- Ça n'a pas l'air d'aller fort aujourd'hui, lui avais-je dit
- Pas des masses, en effet.
- Ils[1] t'en ont encore fait baver ?
- Pas plus que d'habitude.

Et moi, avec ces banalités qu'on se raconte à longueur d'année :

- Allez, courage ! Dans quelques heures c'est le week-end.
- Ne t'en fais pas, a-t-il répondu en souriant - mais qu'il avait l'air triste, mon dieu - j'ai une porte de sortie.

---

[1] *Ils* ce sont les chefs de projets légèrement caractériels dont il gérait le suivi financier.

Je jure que je n'ai pas pensé une seconde qu'il songeait au suicide ! Je me suis dit : *Tiens, tiens… Le cachottier. Il postule ailleurs, il a trouvé un nouveau job* et j'en étais toute contente pour lui. Je lui ai fait un clin d'œil et j'ai dit : *Félicitations mon gars ! Et bonne chance.* Il a haussé les épaules, comme il le faisait quand il ne trouvait pas de répartie adéquate. Il est resté quelques secondes dans l'entrebâillement de la porte, et il a encore dit :

- Ça va aller. Bon week-end.
- Oui, à lundi. Tu m'en parleras, hein ?

Le lundi il était mort.

Je ne parviens pas à m'empêcher de penser que c'est l'entreprise qui a eu sa peau !

Certains vivent à peu près correctement avec un niveau de stress élevé. Ils parviennent à partager leurs soucis avec des amis, un conjoint, à s'octroyer des moments de détente. D'autres n'y parviendront jamais. Je pense que Simon était de ces derniers : les perfectionnistes, les zéro défauts, les trop carrés, les coupeurs de cheveux en huit, les angoissés perpétuels. Pour ces gens, mon entreprise est génératrice du plus mauvais stress qui soit : *une course débile perdue d'avance avec le sentiment de ne pouvoir jamais satisfaire le management, quoi qu'on fasse…*

Pour son malheur, Simon occupait une fonction de *support*, traduisez *au service de tous, pour tout et pour n'importe quoi* : budgets, ouverture de numéros de projets, enregistrement de bons de commandes, prévisions de charges, facturation, rappels de paiements, et encore, et encore… la pression à chaque heure, sur chaque contrat, sur chaque projet, sur chaque facture, sur chaque problème, qu'il soit de l'ordre de deux millions ou de deux euros.

Simon est mort. Il venait d'avoir trente ans. On ne parle déjà plus de lui. C'est comme s'il n'avait jamais existé.

Je me sens mal quand je pense que je travaille pour ses meurtriers… Et pour l'un d'eux en particulier. Ce salopard d'Adal. C'est un homme et nous sommes des femmes. Il est noir et nous sommes blanches.

Comme à chaque fois qu'il nous convoque dans son bureau pour faire le point, il nous domine de toute la puissance de son titre : *Vice-executive President for Business and Resources Development.*

Dans l'entreprise, ça veut juste dire *Directeur de Département.* Dans sa tête, ça veut dire *Dieu !*

- Toi, Gabrielle, tu vas désormais t'occuper de grands comptes. Tu peux le faire ! Je te donne les Papetiers et les Cimentiers.

Oups ! J'ai failli dire *merci*, mais je me suis arrêtée à temps. Avec ce grand malade, je sais qu'il n'y a pas de cadeaux. Uniquement des appâts.

Après les fleurs, le pot

- J'aime vous stresser et vous gâcher le week-end.

Il s'adresse maintenant à toute son équipe, les six femmes qu'on lui a confiées pour en faire, depuis peu, un département « support ».

-   J'aime vous gâcher vos soirées, et si possible vos nuits, mais ce que j'aime par-dessus tout c'est de vous regarder en troupeau. Vous êtes vraiment lamentables !

Il adore ce mot. Il parvient à le faire chanter sur tous les tons. Il le murmure, comme le sifflement du serpent, ou il le module en traînant sur le « a ». La-mentaaaaaable. Parfois il le hurle.

-   Je désespère de vous apprendre à travailler correctement.

Il soupire.

On retient notre souffle. On attend de voir à laquelle il va s'attaquer aujourd'hui. Sans doute pas à moi, puisqu'il vient de me confier deux gros dossiers.

Il regarde Maddy. Elle a les yeux baissés.

Il élève la voix :

-   Maddy, ton dernier travail était LA/MEN/TA/BLE.

Aujourd'hui il a martelé les syllabes. Nouveau style.

Elle se tord les mains. Sa bouche tremble. Elle essaie timidement de se justifier, de garder une contenance :

-   J'ai beaucoup trop de dossiers à traiter et je manque de temps.

Il a réponse à tout :

- Tu n'as pas le sens des priorités. Apprends un peu à t'organiser, à travailler plus vite, à moins discutailler sur tout et sur rien. Tu es une perfectionniste et tu fais perdre de l'argent à l'entreprise.

Il sourit comme un fauve qui se régale par avance de dévorer une proie, de la voir courir, s'essouffler, tomber au sol et expirer entre ses griffes.

Zoé tente de le calmer. De nous toutes, c'est la plus proche de cette panthère noire enragée. Ils se connaissent depuis des années. D'aucuns laissent entendre qu'ils auraient eu une histoire... mais on dit tellement de choses.

Aujourd'hui, elle va essayer sa carte *la Justice* :

- Tu n'as pas le droit, Adal. On travaille comme des malades dans ton équipe et tu n'es jamais content. Ce n'est pas juste !

Ça le met en rage :

- Vous êtes des incapables. Si vous continuez à vous la couler douce vous allez vous retrouver au chômage. J'essaie de vous apprendre à travailler, nom de dieu !

Il sort en claquant la porte. Il a une réunion dans quelques minutes avec le General Manager. Le temps du trajet – deux couloirs, trois étages par l'ascenseur - il va se ressaisir et arriver face au boss avec le sourire du *bon père de famille* qu'il sait si bien composer.

Ce General Manager dit de nous : *elles ont bien de la chance de travailler pour Adal*. Il dit aussi : *Adal, c'est comme mon fils. J'ai toute confiance en lui. Il va réorganiser les équipes. Il est parfois un peu dur, mais c'est ce dont nous avons besoin pour le moment.*

Essayez d'aller vous plaindre quand on vous sort des conneries pareilles…

De retour dans mon bureau, je me sens vraiment mal, une fois de plus. J'ai à peine dormi cinq heures la nuit dernière pour tenter de mettre à jour quelques dossiers, les plus urgentissimes. Et il vient de m'en refiler deux de plus. Je n'y arriverai jamais. Je me sens moche, j'ai envie de pleurer.

Depuis presqu'un an, ce dingue m'inspire une peur irraisonnée, de la même manière qu'il terrorise mes collègues. Nous avons beau dire haut et fort entre nous : *Il ne me fait pas peur. Je me fiche de ce qu'il pense. Qu'il me vire, et alors ?* notre quotidien est un véritable enfer.

Ce que nous comprendrons bien plus tard, c'est que nous travaillons pour un harceleur de haut vol. Il est à ce point doué que chacune d'entre nous se persuade de la véracité des phrases criminelles qu'il nous distille avec talent : *Il me donne ma chance, et je ne la saisis pas. L'intérêt de l'entreprise doit passer avant mon égoisme. Je dois fournir un effort. Je suis nulle.*

La journée a été dure. Il est dix-neuf heures trente lorsque je sors ma Clio du parking pour rentrer à la maison. Je me sens vidée et j'ai une migraine de tous les diables. J'essaie de me concentrer pour parcourir les vingt minutes de route qui me séparent de mon chez-moi et de ma couette.

Sûr que je vais encore tomber endormie devant la télé et me réveiller vers une heure du mat en ne parvenant plus à fermer l'œil.

Même si je râle sec de quitter le bureau à une heure pareille – Adal adore les réunions de fin de journée – je me dis qu'au moins je suis en dehors des embouteillages. Comme une automate, j'allume la radio et je prends l'Avenue du Bois.

Je roule depuis cinq minutes à peine lorsqu'une voix de femme, dans la radio, dit : *Le jour où il parvient à vous convaincre que vous êtes nulle, il a gagné la partie. Vous n'oserez plus jamais relever la tête. Il vous a instillé le premier poison : le mépris de vous-même. Il vous a cassée. Le second poison, c'est la peur. Il vous a mise K.O.*

Ces mots me transpercent l'estomac.

Elle dit : *Un harceleur vous empêche de clarifier, d'analyser, de débusquer ses intentions malsaines derrière l'agitation de surface qu'il vous impose.*

Je me gare illico, deux roues sur le trottoir, pour écouter la suite : *Que ce soit au bureau, à l'atelier, à la maison, un harceleur vous englue dans son univers de malade. Directeur, contremaitre, époux, c'est du pareil au même. Et pourtant, croyez-moi, si vous saviez comme il est simple de détricoter son système et de le rendre inoffensif…*

Tu parles. Simple ? Explique, Madame, je t'en supplie, sinon je vais mourir.

Elle dit : *Simple, quand on analyse sa personnalité, qu'on a compris sa stratégie. On peut alors toujours avoir un coup d'avance sur lui. D'abord ne pas croire un mot de ce dont il essaie de vous persuader : que vous êtes menacée de perdre votre emploi, que vous ne retrouverez rien d'autre, que vous n'êtes qu'une bonne à rien, que si vous quittez la maison ou l'entreprise tout le monde vous rira au nez...*

Elle donne une méthode : *Il faut d'abord reconstruire votre propre estime. Il faut ensuite clarifier, comprendre son fonctionnement. Il faut enfin le prendre à son propre jeu : trouver ce qui lui fait peur... et le terroriser.*

Elle prévient : *Au bureau, ne recherchez pas le soutien de sa hiérarchie. Un harceleur, souvent pervers narcissique, est toujours très apprécié en haut lieu. Ne recherchez pas le soutien de vos collègues non plus, ils ont trop peur. Pour ne pas subir ses foudres, ils iront vous dénoncer. Vous serez seule, face à lui, mais il n'a que la puissance que vous lui attribuez. C'est un faible et un lâche.*

Elle conclut : *Vous verrez que vous parviendrez à vous débarrasser de la peur qu'il vous inspire. Il y va de votre survie. Trouvez ses points faibles et clouez-le au mur. Il ne mérite rien d'autre. Matez-le, puis jetez-le hors de votre vie.*

Nom d'un chien ! J'en ai les mains qui tremblent.

J'attends encore quelques minutes avant de reprendre la route. Je n'ai pas capté le nom de cette psy... quelque chose, mais ce n'est pas important.

Je me laisse bercer par la musique de Mendelssohn qui a succédé à l'émission. J'ai le sentiment qu'on vient de m'enlever un poids d'une tonne de la poitrine.

Une semaine s'est écoulée.

Ces phrases entendues à la radio, j'y repense tout le temps. J'invente les stratégies d'attaque les plus farfelues. J'imagine Adal perdant la face et me présentant des excuses devant tout le monde, tout penaud. Je l'imagine pâle – enfin gris, puisqu'au départ il est noir – honteux, repentant, humilié... Je le vois remettre sa lettre de démission et disparaitre à tout jamais.

C'est surtout dans mon lit que je deviens folle. Je n'en dors plus. Je me repasse en boucle les propos de la psy. Je veux à tout prix *le clouer au mur*, et *empêcher cet harceleur de m'empoisonner la vie*, mais je suis verte d'angoisse.

J'ai même songé un bref instant – juste un instant, je le jure – à avaler d'un coup ma boite de somnifères pour ne plus me réveiller du tout. Mais je me suis trouvée aussi lâche que lui, et j'ai dit à Patapouf, en train de me pétrir le cuir chevelu du bout de ses griffes : *Tu vas voir, mon vieux. Je vais l'avoir. Je ne sais pas encore comment, mais je vais l'avoir.* Il semblait d'accord, car il s'est mis à ronronner deux fois plus fort. Puis il s'est planté au milieu de mon lit, m'a regardée fixement de ses yeux jaunes, sans doute pour me faire comprendre qu'à deux heures du matin il était peut-être temps que j'éteigne ma lampe de chevet et que je le laisse dormir.

Dès qu'il s'est roulé en boule au bout de mon lit, je me suis levée délicatement pour ne pas le déranger, je suis allée jeter mes somnifères dans les toilettes, j'ai tiré la chasse et, étonnamment, j'ai dormi d'une traite jusqu'au matin.

Cette promesse faite à un chat de gouttière m'a fait le plus grand bien. De plus, depuis que j'ai pu mettre un nom médico-psycho sur le comportement de mon harceleur, je me sens déjà mieux. *Pervers narcissique de merde !* Une bien piètre consolation, mais c'est déjà mieux que rien.

Bien sûr, l'emprise qu'il a sur nous, la fatigue, la peur, ses colères…continuent de me terroriser. Comment lui tenir tête tout en gardant mon calme et, si possible, mon job ? J'ai l'intime conviction que je suis capable de le mettre à terre, mais je n'ai pour l'instant pas la moindre idée d'une stratégie cohérente. Je tourne en rond. Je perds du temps.

Le seul point positif, depuis que j'ai confié mes somnifères aux égouts de la ville ? Je dors comme un loir et je me lève avec les idées claires. Ou à peu près.

L'autre matin, j'ai enfin pris conscience de mon attitude servile. Je venais de lui dire *Ce n'est pas ma faute, excuse-moi, je suis désolée.* Et il m'avait balancé *C'est la faute de qui, alors ? Du pape ?* Et il avait ricané, fier de sa répartie, en bombant le torse. Puis il était sorti de mon bureau en claquant la porte comme il aime à le faire pour m'achever les nerfs.

Et moi, glacée jusqu'aux os, avec une insupportable envie de hurler, je me suis mise à murmurer entre mes dents : *c'est de la tienne, connard. Sale pervers. Harceleur de merde.* Bien entendu, il était parti et il ne pouvait plus m'entendre. Mais bizarrement j'ai senti ma nuque se détendre, j'ai inspiré et très lentement soufflé l'air de mes poumons. Un grand calme a fait redescendre mes épaules crispées. Une phrase étrange m'est venue : *Comme disent les vendeurs d'armes ce qui ne nous tue pas nous grandit* et je me suis mise à rire, par saccades, jusqu'au fou-rire à faire pipi dans ma culotte, seule dans mon bureau, comme une malade mentale. Nom d'un chien que ça fait du bien.

Je me suis calmée, me suis assise face à l'ordi et j'ai ouvert un fichier Word. Je l'ai nommé APN[2] et j'ai commencé à écrire en serrant les dents : *Agir seule, frapper fort et... courir vite si je rate mon coup. Dans tous les cas, j'écrirai un livre. Il sera dédié à Simon, ce gentil collègue qui s'est donné la mort parce que des fauves stupides sont aux manettes et que tout le monde s'en fout. Moi je ne suis PAS stupide et je ne crains pas les fauves.*

Aujourd'hui j'étais très tôt au bureau, avant l'arrivée de mes collègues les plus matinales, pour implémenter la phase d'attaque « *On inverse la vapeur avec le terroriste* ».

J'ai d'abord orienté mon poste de travail de telle manière que l'écran de mon ordi ne soit plus visible de la porte d'entrée. J'ai viré la chaise visiteur, celle sur laquelle Adal s'installe chaque fois qu'il vient me faire la morale. A l'envers, jambes écartées, bras croisés sur le dossier. Je l'ai remplacée par un petit fauteuil avec accoudoirs dégoté dans le réduit des archives. Impossible désormais de prendre la *position du cow-boy avachi* en face de moi.

---

[2] Pour **A**dal **P**ervers **N**arcissique

J'ai scotché sur le mur le poster géant d'un loup hurlant au clair de lune. Je m'appelle Wolff, une manière de faire de la symbolique subliminale, même si je sais qu'il ne connait pas le néerlandais et que, de toutes façons, il est trop con pour faire le lien. Mais, à moi, ça m'a fait du bien.

J'ai placé un petit bouquet de fleurs dans un vase à gauche de mon sous-main.

Ma table de travail est vide, à l'exception de deux fardes. L'une est étiquetée *Papetiers* et l'autre *Cimentiers*. J'ai décidé, unilatéralement, de ne m'occuper que de ces deux dossiers. Qu'il le veuille ou non. Point barre.

Avant de fignoler cette première mise en scène, j'étais allée déposer tous les autres sur son bureau, en un tas bien rangé surmonté d'un petit mot écrit en rouge : *Pas le temps, sorry !* et j'ai signé *Gabrielle*. Je sais que ça va le mettre en pétard, mais je suis prête à l'affronter. C'est moi qui ai déclaré la guerre.

Procédure suivante, chapitre 2 – Ne plus me justifier… *Je l'entends qui arrive. Maman, j'ai peur quand même…*

Il pénètre dans mon bureau, comme à son habitude, en territoire conquis. La première chose qui attire son attention est le poster au loup. Je crois détecter, l'espace d'un éclair, comme un air de panique dans son regard. Il me semble même qu'il se force à sourire.

-   Tu as refait la déco ? Tu n'as que ça à faire ?

Il n'est pas encore passé par son bureau, semble-t-il, et n'a pas encore découvert le tas que j'y ai déposé.

Je lève la tête lentement et sur le ton le plus sérieux qui soit je lui réponds :

- J'avais envie de changer un peu. C'est plus joli, tu ne trouves pas ?
- Joli ? On voit surtout que tu n'es pas débordée… Une belle table toute vide. Tu as jeté tes dossiers ou quoi ?

J'ai une montée acide qui me reflue dans l'arrière-gorge. Je me contrains à parler sans laisser ma voix chevroter et sans me déclencher une quinte de toux.

- Pas du tout. Je m'organise. Je m'occupe des priorités.
- Et ces fleurs ? C'est ton anniversaire ?
- Non, mais ça pourrait être ma fête si j'étais née le 8 mars[3].
- Le 8 mars ? Mais on est fin mai…
- C'est la même chose.

Il me regarde d'un air mauvais. Il murmure *complètement cinglée, celle-là*. Il cherche la chaise *cheval de cow-boy* qu'il enfourche d'habitude et ne trouve que le fauteuil avec accoudoirs. Il hésite un instant, puis renonce à s'asseoir. Il hausse les épaules et sort en grommelant quelque chose d'incompréhensible.

Il ne va pas tarder à me donner de ses nouvelles dès qu'il va découvrir mes dossiers sur son bureau, mais il va sans doute, avant cela, aller un peu titiller

---

[3] Officialisée par les Nations Unies en 1977, le 8 mars est la Journée Internationale pour les Droits des Femmes.

quelques membres de son équipe pour se mettre en train. C'est sa tournée du vendredi et il se cherche une proie pour se booster le moral pour le week-end.

Etonnamment, tout d'un coup, je suis d'un calme olympien. *Voilà*, me dis-je. *C'est exactement ce que je dois faire. Ne plus être concernée émotionnellement. Je dois me contenter d'interpréter un rôle, même si c'est de l'impro la plupart du temps.*

En quelques secondes, je suis parvenue à effacer Adal de ma tête et me suis plongée dans le boulot. Comme souvent, lorsque je commence un nouveau projet, j'ai commencé à parler toute seule.

Je vais créer une base de données des papetiers européens qui pourraient recourir aux services de nos ingénieurs. Je vais structurer les informations par... Je prendrai comme critères...

J'avais presque oublié mon black chief lorsque soudain, tel le rugissement d'un lion en train de piquer une crise d'apoplexie... son bureau est à trois portes du mien et il est en train de hurler.

Mon téléphone sonne. Le 7876. C'est lui.

De deux choses l'une : ou je décroche ou je m'enfuis à toutes jambes vers le service du personnel pour réclamer mon bon de sortie.

Je décroche.

Il hurle :

- Pour qui tu te prends ? Pas le temps ! et Sorry ! Je vais t'en foutre du sorry !
- Pardon ?

- Les dossiers que tu as mis sur mon bureau
- Oui ?
- Tu crois que je vais m'en occuper moi-même sans doute ?
- Pas du tout. Tu vas les donner à quelqu'un d'autre.
- Tu te fous de ma gueule ? C'est quoi ça pour des manières ?
- Tu nous as dit de gérer les priorités. C'est ce que je fais. Je m'occuperai des papetiers et des cimentiers.

Et maintenant prononcer sans trembler la réplique censée lui couper les couilles :

- Tu comprends, Adal, j'ai décidé de prendre mes responsabilités. Je veux faire du bon travail, donc je dois faire des choix. Pour le reste, à toi de voir qui peut s'en charger, c'est toi le chef.

Et j'ai raccroché…

Je me dis : *ou bien il est là dans moins de dix secondes et il me jette les dossiers à la figure, ou bien il est tellement surpris qu'il ne sait plus quoi faire.* Je compte jusqu'à dix. … huit, neuf, dix… il n'est toujours pas là. Un à zéro, Adal ! Yes !

Pour être honnête, je dois avouer que je n'ai pas mis en place le chapitre *on déstabilise le terroriste* n'importe quel jour, comme ça, par hasard. Non. J'ai choisi le dernier vendredi du mois, celui où Adal a une réunion de management à l'extérieur en fin de matinée et où nous ne le revoyons plus jusqu'au lundi matin.

Il va bientôt devoir y aller, si j'en crois sa manie obsessionnelle d'arriver avant ses pairs pour *prendre possession de la salle de réunion et marquer mon territoire* comme il s'en vante lorsqu'il fait le malin et nous livre, sans s'en rendre compte, ses petits trucs à la con.

- Qu'est-ce qu'il a ? Il est parti furax en disant : *elle va me le payer celle-là…*

C'est Laureen qui vient de passer la tête dans l'entrebâillement de ma porte.

- Qui ça ?

- Mais Adal, évidemment. Il avait l'air super fâché.

- Je n'en sais rien. Je l'ai à peine vu ce matin.

- Ce n'est pas à toi qu'il en avait tout à l'heure ?

- Non, pourquoi ?

- Ah bon, je croyais.

Elle n'était pas parvenue à me tirer les vers du nez et je n'en étais pas peu fière. D'autant que Laureen, pauvre petite chose, est la plus terrorisée de nous toutes et je sais qu'elle répète tout à notre tortionnaire.

Du coup, motus et bouche cousue… *Je vais y arriver, sale con de merde. Je vais t'avoir à l'usure. Pas à pas. Jouer mon rôle. Sans émotion. Sans état d'âme.*

Le mépris, c'est tout ce qu'ils méritent, m'avait dit il y a peu une amie en parlant du middle management de son entreprise. Je lui avais un peu raconté mon enfer au quotidien. Elle m'avait parlé du sien. J'avais pensé : *En serrant les dents et les fesses jusqu'à 65 ans, ça devrait aller. Surtout quand je me rends compte qu'ailleurs c'est pire….*

Enfin pire, façon de parler. Adal est quand même une star en matière de pourrisseur de vie. Ce qui me frappe le plus chez lui c'est son total manque de scrupules. Jamais de remords ou de problème de conscience.

Je me souviens encore avec une grande colère et beaucoup de honte de la manière démoniaque dont il s'était comporté avec moi pour obtenir des informations de première main.

Avant qu'il déboule dans l'entreprise, nous nous étions rencontrés par hasard - c'est ce que je croyais - dans un séminaire en marketing organisé par BCG[4], un des innombrables bureaux de consultance avec lesquels le Groupe travaille régulièrement.

Lors du premier tour de table, il s'était présenté brièvement : *Adal Aksoum, cadre supérieur, black et fier de l'être. Je participe à ce séminaire pour parfaire ma connaissance en marketing international*.

J'ai appris plus tard qu'il était le fils d'un des actionnaires Érythréens du Groupe. Lors de ce séminaire, il m'avait rapidement paru sympathique. Il faut dire qu'au fil de la journée il avait trouvé mes avis *très appropriés*, utilisé les phrases magiques du manipulateur : *Comme dit Gabrielle,* ou *Gabrielle a tout à fait raison quand elle trouve que*. Habilement, sans en abuser, de sorte que je ne l'avais vraiment pas vu venir dans ses gros sabots.

---

[4] The Boston Consulting Group

En fin d'après-midi, il m'avait glissé un petit mot : *Je vais manger un petit morceau chez le thaï près du métro. Tu m'accompagnes ? Je t'invite*. Et moi, stupide, j'avais pris ça pour un rancard. Je m'étais précipitée dans la gueule du fauve. Il avait un beau sourire. Il m'inspirait confiance.

Alors, à table chez le thaï, je lui ai parlé de ma hiérarchie, de l'organisation et de ses dysfonctionnements, des petites querelles locales, des rumeurs et autres people stories.

Quand on me l'a présenté quinze jours plus tard comme nouveau Directeur de mon Département et, accessoirement, comme mon chef direct, il a dit en fronçant les sourcils : *On se connait, non ?* Puis il s'est penché vers moi et m'a dit dans l'oreille : *Merci pour les confidences. Je vais remettre un peu d'ordre ici, moi*. Et il s'est mis à rire de bon cœur.

J'étais humiliée et honteuse, coupable et stupide, la super conne... Il venait de me mettre à sa botte.

Mais lui, ce serpent, ce salaud ! Pas un scrupule. Je n'ose pas dire aucune *éthique*, car ce mot, dans mon entreprise, a toujours fait rigoler tout le monde. Mais soit. Je m'étais bien fait avoir et je savais que le bel Adal allait nous en faire baver.

J'ai vite remarqué qu'il ne montrait un semblant de respect qu'envers les plus forts que lui : les baraqués, les sportifs, les musclés, et aussi tous ceux qui avaient un brin de pouvoir hiérarchique ou un titre ronflant et ceci avec une dextérité de cireur de pompes. Les autres, les petits, les timides, ou simplement ceux qui paraissaient faire preuve d'un peu d'humanité dans leur comportement, il les méprisait, les appelait *les inutiles, les faibles, les connards.*

La fin justifie les moyens m'avait-il jeté à la figure sur un ton hargneux le jour où je lui avais fait remarquer qu'il n'avait pas – une fois de plus – tenu parole. Pas la moindre trace de remord ou de honte dans cet échantillon parfait de perversion narcissique.

Mais revenons-en à la suite de ma première victoire contre l'ennemi, ce fameux vendredi matin.

Il est midi trente et c'est l'heure du déjeuner. Comme un talisman, je sors de mon tiroir le roman d'Amélie Nothomb, *Stupeur et Tremblements*, ouvrage-référence qui me rappelle jusqu'à quel point, au Japon, un employeur peut humilier une femme européenne qui fait *son intéressante*. J'en déguste quelques passages en même temps que mon sandwiche jambon beurre. Je souris. Depuis tout à l'heure je sais que j'ai une chance de m'en sortir. J'aime particulièrement, pour le moment, les pages 122 et 123 du roman d'Amélie : *Récapitulons. Petite, je voulais devenir Dieu. Très vite, je compris que c'était trop demander et je mis un peu d'eau bénite dans mon vin de messe : je serais Jésus. J'eus rapidement conscience de mon excès d'ambition et acceptai de « faire » martyre quand je serais grande.*

Après ces bonnes paroles, je replie Amélie qui retourne sans rouspéter dans son tiroir, je débarrasse les quelques miettes tombées sur mon bureau et je m'installe à l'ordinateur. J'ouvre, grâce à un mot de passe complexe, le fichier renommé entre-temps

APNM[5]. En guise de dessert zéro calorie mais 100 % nourrissant, je relis les quelques phrases d'une prière aux forces de l'univers, rédigée dans un de mes élans créateurs et jouissifs, quoiqu'un brin mystique, tout bien réfléchi.

Forces du ciel et de la terre, esprits du Paradis et de l'Enfer, ce pauvre débile rempli de ruse a vu ma peur et ça l'amuse. Donnez-moi la force de le regarder, droit dans les yeux, sans hésiter et sans trembler. De ne plus avoir d'avis, de lui dire juste « non » ou « oui », sans réfléchir. Aidez-moi à lui tenir des propos stupides et à passer à ses yeux pour une esclave débile.

Et lorsque viendra le moment où il baissera sa garde, donnez-moi la force, ce jour-là, de déchirer d'un coup de dent la gorge noire de mon bourreau. Amen.

Oui, j'ai écrit *Amen*. Et je suis bien consciente de la puérilité du texte et de sa pauvreté poétique, mais ça m'est égal. Ça me détend. J'y puise force et espoir.

Vendredi 12h45.

Pour mettre en pratique la phase deux de mon plan, je dois m'assurer au préalable que mes collègues sont toutes parties, soit au restaurant d'entreprise ou faire des courses à l'extérieur. J'ouvre une porte après l'autre et vérifie que les bureaux du plateau sont déserts.

Nous savons toutes que le dernier vendredi du mois Adal ne revient jamais au bureau, chacune en

---

[5] Pour **A**dal **P**ervers **N**arcissique de **M**erde

profite pour s'accorder un petit moment de détente bien mérité. Les autres jours, il nous tombe sur le paletot à tout moment et de préférence pendant l'heure de table, alors nous restons collées à notre poste de travail pour le cas où...

Je vais donc profiter d'être seule pour afficher, à l'entrée de l'aile, aux valves réservées aux messages du service du personnel, ce qui va ressembler à une communication officielle. Souvent, Adal se moque ostensiblement de cette zone d'affichage, comme s'il était bien au-dessus de ces recommandations, mais il n'a malgré tout jamais osé enlever une seule page de ce morceau de mur.

Pour ce *presque faux*, j'ai utilisé le modèle d'usage trouvé sans difficulté sur l'intranet. Impossible de différencier mon affichette des communiqués officiels... Je dis *presque faux*, car j'en ai déniché le texte dans une mise à jour du règlement de travail et je l'ai simplement recopié. Je ne suis donc pas en train de commettre un délit. Je participe à l'information, non ? Par ailleurs, ils sont tellement nombreux au service du personnel que l'un croira que c'est l'autre qui l'a affiché et vice versa. Le vrai-faux communiqué dit ceci :

A l'attention des membres du personnel. Définition du code du travail L 122-49. Aucun salarié ne doit subir des agissements répétés de harcèlement moral qui ont pour objet ou pour effet une dégradation des conditions de travail susceptible de porter atteinte à ses droits et à sa dignité, d'altérer sa santé physique ou mentale ou de compromettre son avenir professionnel.

Si vous estimez être victime, au sein de l'entreprise, d'agissements pouvant être qualifiés de harcèlement moral, n'hésitez pas à vous adresser au service du personnel pour y déposer votre plainte. La loi vous protège.

Après avoir collé ma petite affiche, je me glisse dans le bureau de notre harceleur et j'y dépose au hasard, au milieu du courrier de la semaine qu'il n'a pas encore trié comme à son habitude, une copie du prétendu communiqué.

J'y agrafe un petit mot dactylographié qui tient lieu de mise en garde personnalisée :

Monsieur Aksoum. Il nous revient que certains membres de votre équipe pourraient se réclamer de cet article. Nous vous recommandons la plus grande prudence. Votre type de management un peu musclé pourrait être mal interprété. Merci d'y rester attentif. La Direction RH.

Je sais que dès qu'il lira ce mot, il ira vérifier si le communiqué est affiché aux valves… J'en jubile par avance.

Si je suis honnête, je dois avouer que vers seize heures, j'ai bien failli aller tout enlever et revenir à la case zéro. Mais j'ai tenu bon. Rien qu'à imaginer sa tête lorsqu'il tombera sur ce document, je sens une grande satisfaction – peut-être un peu malsaine – me remplir le cœur. Une bouffée d'endorphines pour partir en week-end.

Brève satisfaction, car très vite le naturel revient au galop : je le hais, je le hais, je le hais.

Lundi matin.

Tout est calme à l'horizon. J'ai risqué un œil dans le bureau d'Adal, et constaté avec plaisir que sa pile de courrier n'est plus là. Il est donc passé au bureau ce week-end, comme il le fait encore assez souvent étant donné qu'il habite à quelques rues. Il m'a été rapporté qu'il y vient surtout pour y faire des photocopies pour sa famille ou ses amis, ou pour y passer ses coups de fil internationaux, mais je n'en ai pas la preuve. On dit tellement de choses…

Il est près de dix heures et nous devenons nerveuses. On s'attend à le voir débarquer à tout moment. La secrétaire du Directeur Général est déjà venue deux fois pour une signature. On entend de temps à autre son téléphone qui sonne dans le vide. Bizarre. Zoé, généralement bien informée sur son emploi du temps, n'a pas la moindre idée de l'endroit où il peut être.

La journée se déroule ainsi, dans l'attente d'une information qui ne viendra pas. A six heures on plie bagages en se demandant encore, entre nous *Mais où est-il ?*

J'apprendrai plus tard – de sa propre bouche, lorsqu'il est en mode *confidences pour te prouver comme je suis important* - qu'il a fait un aller-retour à Paris pour rencontrer la Direction Internationale et essayer de se placer un peu plus haut dans la hiérarchie à Bruxelles.

Mardi matin.

Lorsque j'arrive, je trouve un mot sur ma table de travail. Ecriture au marqueur rouge, avec trois points d'exclamation : *A midi dans mon bureau pour ton évaluation anuelle !!!* Il n'y a qu'un « n » et pas de signature, je devine donc aisément l'auteur de cette invitation. Il ne nous a pas habituées à mettre les formes et son orthographe est très approximative.

Aïe ! Ça s'annonce mal. Il lui est imposé de nous rencontrer individuellement une fois par an pour faire le bilan de notre travail et nous fixer de nouveaux objectifs. Je n'ai nulle envie de me retrouver face à ce diable noir qui va tout faire pour me persuader que je suis une super-nulle et qu'il me garde par pure bonté d'âme. Ça tombe d'autant plus mal qu'il n'a pas encore dû digérer le tas de dossiers que j'ai déposés sur son bureau vendredi dernier.

Quelques minutes plus tard, toutes les nanas du service sont arrivées et apparemment nous avons toutes reçu la même missive. On commence à angoisser. On passe d'un bureau à l'autre pour vérifier, mais il a bien déposé ce mot chez chacune avant notre arrivée. Ça promet ! J'ai vérifié les heures de convocation, je suis la dernière à passer chez lui. Il me garde pour la fin…

La torture commence. L'une après l'autre, allons-nous amuser ce pervers avec nos pleurs et nos gémissements ? Pas question. Je compte bien lui tenir tête, même si je dois y laisser mon contrat de travail. Je l'emmerde !

Je suis allée voir Zoé, Maddy et Pascale, au fur et à mesure de leur retour de la séance de torture. Elles sont complètement cassées. Il a été ignoble, comme d'habitude. Il reste Laureen et Celyne, et ce sera mon tour.

Je me prépare, comme dans une stress-room : je sautille sur place, je vide mes poumons par saccades, je fais semblant de boxer le mur, … en fait je me demande si je ne suis pas en train de devenir complètement zinzin. Mais tant pis. Il est midi. J'y vais. J'empoigne un bloc note, un stylo, et je me dirige au pas de charge vers mon adversaire.

Lorsque j'entre dans son bureau, mon cœur tambourine dans ma poitrine et j'ai les mains moites, mais je suis déterminée. Il est assis, de dos, il téléphone. Il parle fort et il rit bruyamment. Il dit à son interlocuteur : *Je vais te laisser, car j'ai une employée qui arrive avec laquelle je vais avoir du boulot. Non, je ne parle pas de son QI, on ne parle pas des absents…* et il rit de plus belle. Il raccroche et il pose un regard de prédateur sur moi. Sa bouche est devenue un trait. Il ne cache pas qu'il est en colère.

- Alors ma fille, tu veux jouer ?
- Jouer ?
- Ne fais pas l'imbécile. Tu veux faire ton intéressante en m'emmerdant avec ça !

Il a élevé la voix et balaye d'un revers de main la pile de dossiers qui s'éparpillent sur le tapis.

Je reste silencieuse. Je le regarde dans les yeux. Il les baisse le premier. Il fulmine

- Tu te prends pour qui ? Tu n'as pas encore compris que le chef c'est moi et que si tu n'étais pas protégée par ton statut de déléguée syndicale, je t'aurais déjà foutue à la porte depuis longtemps ? Mais j'attends mon heure. Avant les prochaines élections sociales je m'arrangerai bien pour que tu valses dehors, compris ?

Je suis sciée. Ce con croit que je suis déléguée syndicale ! Je ne sais pas où il est allé pêcher cette information, mais il a tout faux. Je suis simple représentante de mon département auprès de l'Association des Cadres, fonction totalement officieuse et qui n'est absolument pas protégée. J'ai envie de rire de sa bêtise, mais je prends l'air le plus sérieux que je puisse avoir et je reste silencieuse.

Je montre que je l'écoute attentivement – en penchant très légèrement la tête de côté – puis j'esquisse un sourire bienveillant. Il continue, furieux de mon silence :

- Tu n'as rien à dire ?
- Rien de particulier. Je suis venue pour mon évaluation annuelle et j'attends que tu commences.
- OK. Tu fais ta maligne ? OK. OK.

Il semble moins sûr de ce qu'il va dire, comme à court d'arguments. Il regarde autour de lui et continue à dire : *ok, ok*. Je continue à me taire.

- Bien, on va voir ton travail de l'année. Enfin, si on peut appeler cela du travail.

Je vais un peu titiller la bête pour voir jusqu'où je peux aller :

- Tu as raison. Je fais du mauvais travail et depuis longtemps. C'est entièrement ta faute.

- Pardon ?

J'ai l'impression que les yeux vont lui sortir de la tête. Il place la main sur la poitrine comme s'il frisait l'accident cardiaque.

- De ma faute ? Tu déconnes, ou quoi ?

- Oui, Adal. Tu gardes les informations pour toi, tu ne transmets rien des courriers qui arrivent chez toi et qui concernent mes dossiers. J'apprends les choses par hasard, et la plupart du temps lorsqu'il est trop tard. Alors, je le redis : c'est exact que je fais du mauvais travail, mais c'est entièrement ta faute.

Il se lève, saisi la corbeille à papier à deux mains. J'ai l'impression qu'il va me la balancer à la figure, mais il la retourne et la vide sur le bureau en hurlant :

- Voilà ! Fouille là-dedans. C'est le dernier courrier que j'ai trié. Il n'y a rien pour toi, rien du tout, tu entends ?

Ce serait difficile de ne pas entendre. Il hurle comme un dément.

Et moi, d'une voix neutre :

- D'accord. Je vais trier, Adal. Je suis certaine que je vais y trouver des choses qui m'intéressent.

Et je commence à lire les documents les uns après les autres. Il s'est levé. Il fait les cent pas dans le bureau.

-   Fais à ton aise – il crie – je reviens dans cinq minutes. Ah, tu me cherches ! Ça va faire mal ma vieille.

Il sort en claquant la porte.

J'ai continué à trier, tranquille, et – quelle chance ! - je suis tombée sur un carton d'invitation pour une foire commerciale où je vais chaque année représenter l'entreprise. Je jubile. Je n'y crois pas. Il a pris ça pour une pub, l'incapable de service.

Je commence à me détendre et à savourer le moment. D'un coup, je n'ai vraiment plus peur du tout de cet imbécile. En fait, il pourrait me virer sans problème, mais il me croit protégée. Quel con ! Quelle chance pour moi.

Il est de retour. Il s'est assis et a visiblement décidé de changer de stratégie. Il a dû faire un petit tour pour se calmer, car mon attitude inhabituelle, non soumise, non impressionnée, doit l'inquiéter. Il se demande ce que je peux bien avoir comme atout dans la manche pour oser lui tenir tête. Il a sorti son sourire charmeur de manipulateur.

-   Alors, tu as trouvé quelque chose.
-   Oui. Ceci.

Il regarde le carton. Le lit à peine et l'agite devant mes yeux.

-   C'est vrai que ça t'intéresse ce genre de chose ? C'est toi qui vas aller à Milan ?
-   Oui, c'est moi. Ça fait partie de mon travail.

- Ah oui, ton travail. Le marketing. Alors j'aurais dû te donner l'invitation, c'est ça ? Bon, alors prends-la.

Il me la tend du bout des doigts.

- Et excuse-moi, mais tu m'as énervé avec ton papier *sorry* de vendredi. A cause de toi, j'ai jeté tes dossiers par terre. Tu vas avoir du travail pour les reclasser.

Il rigole de son bon mot. Je ne dis rien, je le regarde droit dans les yeux. Sérieuse. Fermée.

- Tu es fâchée ? Allez ! Ramasse et on n'en parle plus.
- Pas question. Tu donnes ces dossiers à qui tu veux. Je m'occupe des papetiers et des cimentiers. Point à la ligne. De plus, tu es prié de me communiquer les courriers qui me sont adressés, sinon je dépose une plainte auprès du service du personnel.

Je joue à fond la carte *déléguée syndicale* puisqu'il y croit.

- De plus, merci de me fixer un autre rendez-vous pour mon évaluation annuelle, car retourner une poubelle sur la table pour m'impressionner, ce n'est pas la meilleure approche. Je reviendrai quand tu auras décidé de te comporter correctement.

Là-dessus, je me lève et, toute en délicatesse, en veillant à ne pas claquer la porte, je quitte son bureau. Je suis certaine qu'il n'en est pas encore revenu aujourd'hui.

Etrange victoire sur l'ennemi. Etrange victoire sur moi-même. Je me sens légère et apaisée. Je suis à nouveau fière de moi. Je ne crains plus ce clown qui m'a filé des cauchemars durant des mois.

Je sais déjà que je ne parlerai de cet entretien à personne.

Deux jours plus tard.

Lorsque j'arrive, je le trouve dans mon bureau, assis à ma place. Il lit le dossier des cimentiers, une tasse de café fumant à la main. Il lève à peine les yeux et me fait signe de m'asseoir dans le fauteuil visiteur, celui avec les accoudoirs. Je reste debout.

Il dit : *beau travail, mais incomplet. Tu ne vas pas y arriver*. Il sort les pages du classeur. Jette un coup d'œil méprisant sur un tableau auquel il ne comprend visiblement rien, puis déchire le tout en plusieurs morceaux, en me regardant dans les yeux. Il les jette dans ma poubelle.

Il dit : *dommage, c'était bien parti.* Il sourit, se lève, je m'écarte pour le laisser passer. Il ouvre la porte et il sort.

Je suis d'un calme étonnant. J'allume mon ordi. Je lis d'abord les mails du jour, puis j'ouvre le folder *cimentiers* et je réimprime les trente pages qu'il a détruites, s'imaginant peut-être que je n'avais qu'une édition papier. J'y fais deux trous et les reclasse dans mon dossier en souriant. Je dis à voix haute, juste pour me faire plaisir : *Tu me cherches, ducon ? Tu vas me trouver.*

Une autre semaine se passe sans crises particulières à mon égard. Il m'ignore royalement. Durant les réunions de service, il s'en prend systématiquement au travail des deux graphistes. Leur travail est LA MEN TAAAAAA BLE.

Nous avons droit ensuite à un laïus interminable sur sa manière de *sentir* le client et l'organisation interne. Personnellement, je le trouve complètement à côté de la plaque, mais je me garde bien de lui faire remarquer. Il énonce quelques lieux communs sur le commerce, principes qui feraient hurler de rire un gamin de dix ans. Il nous présente aussi sa dernière trouvaille en matière de management d'équipe : *la théorie du chaos*. Il explique :

- Je suis allé à Paris l'autre fois et j'ai discuté avec un analyste qui m'a confirmé que nous autres, les européens, nous sommes trop précis, trop carrés, pas assez créatifs.

On peut supposer que l'analyste en question était américain, ou japonais ? Que voilà une entrée en matière qui promet, étais-je en train de penser. Il continue

- Je vais donc vous mettre un peu en concurrence les unes avec les autres. Par exemple, Maddy, qui n'arrive plus à me sortir un dossier valable, je vais passer ses dossiers, par exemple à Pascale qui a toujours l'air de se tourner les pouces, pour qu'elle y travaille aussi. J'ai dit AUSSI, je n'ai pas dit A LA PLACE DE, d'accord ? Petite astuce…

Aïe, quand il parle d'astuce c'est souvent le début d'une cata ! Il lève le doigt et sourit.

- Je ne dirai à aucune des deux quel dossier est le meilleur. Vous voyez ?

Non, on ne voit pas du tout.

- Et vous ne saurez pas non plus à qui je donnerai vos dossiers, d'accord ?

Non, pas d'accord.

- Voilà. C'est ce que les Américains appellent *le Management by Chaos*. Je trouve ça super. Et je vais vous montrer quelque chose qui est super aussi.

Il ouvre son tiroir et en sort un mug noir sur lequel est écrit en grandes lettres dorées *Be a Legend*[6].

Il caresse cette grande tasse à café et sourit, tout content. Il dit :

- Vous comprenez, maintenant ? Il ne s'agit pas de faire quelque chose d'important, mais de faire parler de soi. J'y arriverai, vous verrez. On va parler de moi dans toute l'entreprise.

Il a remis son mug dans le tiroir et a ajouté :

- La réunion est terminée. Retournez travailler pour que je sois fier de vous.

Pauvres de nous… Dans le regard de chacune je pouvais lire la plus grande incompréhension du monde et une immense tristesse de savoir que, quoi qu'elle fasse, il ne serait jamais fier d'elle, continuerait à la

---

[6] Soi une légende

traiter de nulle et trouverait son travail LA MEN
TAAAA BLE.

Mais moi, je le regardais avec mes nouvelles
lunettes d'ancienne esclave et je me disais : *quel pignouf !*
quel clown ! comment peut-on mettre des zozos pareils à des
postes de direction ?

Le lendemain matin, il me passe un coup de fil. Il
est calme, correct, mais aussi bref que d'habitude au
téléphone. En fait, il déteste le téléphone.

- Réunion à dix heures dix, salle 812, c'est relatif
  au marketing.

Il raccroche. Bien entendu, pas d'ordre du jour, pas
de liste des participants… histoire de toujours nous
prendre au dépourvu et en défaut. Dix heure dix ?
Nouvelle lubie de fixer des réunions à dix heure dix ?

A l'heure dite, je pousse la porte de la salle de
réunion et j'y découvre, face à Adal, trois visiteurs -
deux hommes et une femme que je n'ai jamais
rencontrés – et à la droite du fauve noir, Celyne, ma
collègue en charge de la communication. Elle est dans
l'équipe de ce grand pervers depuis un peu moins de
six mois, mais elle est déjà totalement épuisée. Lorsque
je croise son regard, elle hausse discrètement les épaules
pour me faire comprendre qu'elle non plus ne sait pas
pourquoi il nous a convoquées.

Il se tourne vers les visiteurs et, me désignant du
pouce, avec le geste élégant de l'auto-stoppeur, dit

- Voilà donc ENFIN notre RESPONSABLE du
  marketing. Nous allons ENFIN pouvoir
  commencer.

De ses deux mains levées, il a simulé des guillemets à *responsable*, le sagouin, pour bien indiquer qu'il estime la dénomination un peu surfaite. Et il a insisté lourdement sur le mot *enfin*, comme si j'étais en retard. J'apprendrai par après que la réunion était fixée à dix heures pour les visiteurs, une manière habile de leur laisser croire que je n'ai aucun sens de la ponctualité.

Celyne et moi échangeons un regard discret, déjà sur la défensive. Il ne présente pas les trois visiteurs.

Il se lance :

-   Ce n'est sans doute pas de leur faute, mais les deux jeunes dames que vous avez ici devant vous – il nous désigne dans un large geste de la main – ne me semblent pas à la hauteur pour accompagner correctement le développement de l'entreprise.

Il continue en bombant le torse :

-   Le management précédent se contentait sans doute d'amateurs. Aujourd'hui, on ne peut plus se le permettre. Alors, elles vont passer au second plan et je vais travailler avec des consultants extérieurs en marketing et en communication. Voilà pourquoi vous êtes là aujourd'hui, Madame et vous Messieurs.

Je sens mon cœur qui commence à s'emballer. Un flot d'acide me remonte dans la bouche. Je prends discrètement dans ma poche une pastille censée atténuer les maux d'estomac et je la mets en bouche.

J'en fais une consommation industrielle depuis que ce nouveau chef a pris son poste. Je respire très lentement pour m'obliger à rester calme. Celyne est devenue blanche comme une morte. Je vois qu'elle serre les mâchoires. Ni l'une ni l'autre n'ose regarder les trois consultants. Adal continue comme si de rien n'était :

- Celyne vient de me rater, comme une grande, la dernière campagne de communication sur l'environnement et Gabrielle, dès que je lui confie plus de deux dossiers à lire, elle les ramène sur mon bureau en pleurant.

Je vais le tuer. Qu'on me donne un révolver, et je lui tire une balle dans la tête sans hésiter. Je lève les yeux vers la femme consultant et je vois qu'elle semble interloquée. Elle ouvre de grands yeux et se mord la lèvre supérieure. Les deux messieurs regardent leur bloc note et se tortillent un peu sur leur siège comme s'ils y avaient déjà passé huit heures. Tout le monde est mal à l'aise sauf Adal qui fanfaronne :

- Je suis dans cette boite…

Il dit *cette boite* avec un tel mépris, qu'on pourrait penser qu'il la déteste

- Un Executive Vice-President…

Il prononce *vaïce-président* à l'américaine

- Et je peux vous dire qu'aussi bien le marketing que la comm…

Il dit *la comm* comme un pro, un gars qui s'y connaît

- Sont LA MEN TAAAA BLES

Nous y voilà, une fois de plus

- Moi, je veux changer les choses. Nous n'avons aucune étude valable sur nos prospects et même pas d'informations sur nos clients.

Je lève la main. Je n'ai pas le droit de le laisser raconter n'importe quoi à des consultants externes sous prétexte qu'il est mon supérieur. C'est d'une voix calme, ferme, qui n'autorise aucune contestation, que je prends la parole :

- S'il s'agit d'une caméra cachée, je suis prête à jouer avec toi, Adal, mais je ne pense pas que ce soit le cas.

Il tente de m'interrompre. Je lève le doigt à hauteur de son visage, et je dis :

- Tais-toi. Laisse-moi rectifier les informations que tu viens de donner. Elles sont inexactes.

Il se tait, trop surpris par le fait que j'ai pris la parole. Je continue avec sérieux et force :

- Je ne sais pour quelle obscure raison Monsieur Aksoum prétend que nous n'avons pas d'informations sur nos prospects et nos clients.

Je me lève et me dirige vers le tableau blanc. Je saisi un marqueur noir et je dessine une carte stylisée du monde.

Elle est parfaite. Je m'y suis exercée dès mon arrivée en marketing. Je sais que j'ai capté leur attention.

- Madame, Messieurs, j'ai la charge du marketing de cette entreprise depuis trois ans et demi, soit bien longtemps avant que Mr. Aksoum nous rejoigne…

Il tente de m'interrompre.

-   Assieds-toi, tu es ridicule !

-   Je ne pense pas.

Je continue, imperturbable. Je coche les pays où se trouvent nos filiales, les villes où sont nos plus gros clients, je les cite, je cite le chiffre d'affaires que nous faisons avec eux, dans quels produits. Je prends ensuite un marqueur vert et je coche les endroits où sont nos plus gros prospects. Je donne quelques informations clés sur chaque entreprise et sur le secteur dont elle fait partie.

A plusieurs reprises il essaie de m'interrompre. Il dit :

-   N'écoutez pas ce qu'elle raconte. Elle est cinglée.

Je réponds, avec un grand sourire à l'adresse de nos visiteurs, comme s'il s'agissait d'une plaisanterie :

-   Il faut être un peu cinglée pour travailler dans le marketing, non ?

Je maitrise mon sujet. Pas étonnant, c'est MON job.

Je viens de présenter, en une minute et demie, une synthèse de nos marchés. J'efface tout, et je viens me rasseoir avec un sourire mauvais à l'adresse d'Adal. Je dis :

-   N'affirme plus jamais que nous n'avons pas d'informations sur nos prospects et nos clients. En tous cas, pas en ma présence.

On entendrait une mouche voler. Je passe le marqueur à Celyne et lui propose :

-   Tu veux expliquer ton travail ?

Elle fait non de la tête. Elle dit :

- Je voudrais juste préciser que nous n'étions pas prévenues, ni l'une ni l'autre, de ta démarche, Adal, et que je trouve cela indigne.

Elle a les larmes aux yeux.

Adal se tourne vers les consultants :

- Je vous préviens que si vous voulez travailler comme fournisseurs pour notre entreprise, il ne faut pas avoir d'états d'âme. Le monde des affaires est très dur et je veux des partenaires qui peuvent assumer.

Il n'ose pas me regarder. Il montre Celyne du menton :

- Pas des poules mouillées.

Il ricane.

La consultante est en train de fouiller dans sa mallette. Elle en sort deux cartes de visites. Elle les pose ostensiblement devant Celyne et moi. Elle dit :

- Mesdames, je suis vraiment navrée de voir ce qu'on vous fait subir dans cette entreprise. Moi aussi, je trouve cela indigne. Voici mes coordonnées, si vous devenez disponibles, contactez-moi. Il me plaira de travailler avec vous. Quant à vous Monsieur…

Elle se tourne vers Adal.

- Votre attitude est inqualifiable et je ne souhaite pas devenir le fournisseur d'une entreprise qui tolère ce genre de pratiques.

Elle se lève, rassemble ses affaires et quitte la salle de réunion.

Adal est devenu gris clair. Sa lèvre inférieure pend comme si elle allait se détacher de sa bouche. Tout à l'heure, pendant mon exposé, il serrait les mâchoires de colère, maintenant on dirait qu'il va avaler un moustique. Il se tourne vers les deux hommes et cherche visiblement leur soutien. Il dit en montrant la porte qui est restée ouverte vers le couloir :

-    Mais qu'est-ce qui lui prend à celle-là ?

Sans le regarder, les deux consultants rassemblent leurs affaires et se lèvent. Le premier dit :

-    Ce genre de collaboration ne nous intéresse pas.

Il tend la main à Celyne, puis à moi, et dit :

-    Au revoir Mesdames, bon courage.

Il ignore la main qu'Adal lui tend, comme par réflexe. Il sort. Le dernier regarde Adal en dodelinant de la tête, comme si cette situation le laissait sans voix. Effectivement, il ne dit rien. Il ne serre aucune main. Il sort.

Adal est figé sur place. Durant quelques secondes, on n'entend plus que le bruit sourd des aérateurs et le petit clic clic du chauffage qu'on ne remarque même plus les autres jours. Celyne et moi nous nous taisons en attendant sa réaction. Pendant quelques instants, je suis persuadée qu'il va nous frapper, car il a fermé sa main droite en poing et le tape plusieurs fois sur sa main gauche ouverte. Il a les yeux plissés et j'y lis toute la haine et toute la colère du monde.

Il serre les mâchoires. Il dit :

-   Vous m'avez fait passer pour un imbécile. Vous allez me le payer, vous deux. Bande de connes. Vous allez me le payer très cher.

Il ramasse violemment son IPad et sort en claquant la porte plus fort qu'il ne l'a jamais fait. J'ai les mains qui tremblent et de terribles crampes à l'estomac. Celyne éclate en sanglots. Je la prends dans mes bras et j'essaie de la réconforter.

Sur la table, les deux cartes de visite que la femme nous a laissées sont là, comme la preuve que nous ne sommes pas aussi connes qu'il veut bien nous le faire croire. Nous allons sans doute devoir les utiliser sous peu, car je crains que les jours qui viennent soient les plus durs de notre vie.

Lorsque je rejoins mon bureau, je constate que celui d'Adal est vide. Sa porte est grande ouverte. Son blouson n'est plus au porte-manteau, son ordinateur est éteint.

-   Bon débarras, me dis-je. On aura la paix cet après-midi.

Celyne qui s'est un peu calmée vient passer une tête à ma porte. Elle dit :

-   Je suis épuisée. Je ne me sens pas bien. Je vais aller chez le médecin. Il faut qu'on fasse quelque chose, Gabrielle. Ça ne peut pas continuer comme ça. On va devenir cinglées.

Son médecin lui donnera une semaine de repos.

Elle ne se doute pas encore que c'est le début d'un burnout et que durant son absence les choses vont bien changer. Moi non plus d'ailleurs.

Le lendemain matin, le grand démon noir me donne très tôt de ses nouvelles, mais de manière indirecte. Dès huit heures trente, il me fait dire par une collègue – toujours ses méthodes tordues de communication – *qu'il aimerait me voir cinq minutes quand je serai libre, que ce n'est pas urgent, mais qu'il aimerait bien que ce soit quand même ce matin, si je veux bien…* Elle me dit : *il a l'air bizarre. Il rit tout seul. Il m'a dit textuellement : Va porter ce message à notre grande responsable du marketing international, fière comme d'Artagnan.*

Il a sûrement voulu dire *Artaban*, mais il a le don de mélanger le tour avec l'alentour. Il excelle à déformer et mélanger les citations et les proverbes que c'en est un véritable plaisir. Il dit, par exemple : *il ne faut pas vendre la peau du chat dans un sac avant de l'avoir tué.* Si on ose lui faire remarquer qu'il s'agit de la peau de l'ours, d'une part et de vendre un chat – entier – dans un sac, d'autre part, il soutient mordicus qu'on n'y connait rien.

Autre détail révélateur sur le personnage. Il répète à qui veut l'entendre que chez lui – dans sa maison là où il habite avec sa famille – c'est ZEN, dégagé, pur, moderne, dépouillé. Il dit, entre autres : *chez moi, tu peux chercher partout, tu ne trouveras pas un seul livre…* Et il en est fier. Il trouve que les livres c'est inutile, ça encombre, ça pollue la tête. C'est ça le gars qui se permet de donner des leçons de vie à tout ce qui bouge.

Mais revenons à ce matin. Il veut donc me voir cinq minutes, quand j'aurai le temps… Eh bien j'ai le temps.

Je frappe à sa porte. Il dit :

- Entrez !

J'entre. Il dit :

- Ah, ce n'est que toi.

Puis il tente de lire dans mon regard s'il est parvenu à me déstabiliser. Je réponds :

- Oui, Adal, n'aies pas peur. Ce n'est que moi… Pour le moment.

Il lève un sourcil interrogateur. Il demande :

- Qu'est-ce que tu veux dire par là ?

Et moi, fidèle à la stratégie que je me suis fixée, je réponds n'importe quoi :

- Lorsque le boucher frappe à ta porte, ne lui dit pas que tu n'as pas besoin de pain.

Puis je m'assieds en face de lui et, avant qu'il ait pu essayer de faire semblant de comprendre, je lui dis :

- Je viens t'accorder les cinq minutes que tu as demandées.

Je le sens sur la défensive. Je suis calme. Il se tait. Il me regarde. Je soutiens son regard. Il baisse les yeux le premier.

- Je pense que tu as un problème, Gabrielle, et je voudrais t'aider.

- …

- Les temps sont durs pour trouver un nouveau travail et ce serait dommage, à ton âge, de te retrouver au chômage

- …

- Tu ne dis rien ?

- Je n'ai pas entendu de question jusqu'à présent. Et comme dit ma grand'mère, *si le vent se lève à l'est, c'est le premier matin du monde*

- Ça ne veut rien dire

- Peut-être. Bon, Adal, je t'écoute. Pourquoi voulais-tu me voir ?

Il a l'air moins sûr de lui. Je suis sur la bonne voie avec ma stratégie de déstabilisation du connard. Je me sens bien. J'ai tout mon temps. Il fait *hum hum*, puis il reprend, avec un air docte – il fronce les sourcils – en élevant légèrement la voix :

- Ce qui s'est passé hier, avec Celyne, ne doit plus jamais se reproduire. Elle a vendu la mèche en disant que c'était indigne et en se mettant à pleurer. Toi, en revanche, tu as bien réagi. Je m'y attendais. En fait, je testais des consultants pour voir si on pouvait se fier à eux.

Oh le menteur, le sale pervers. Comment ose-t-il ?

- Je ne vous avais pas mises dans la confidence pour que vous soyez crédules.

Il veut dire *crédibles*, je suppose.

- Tu penses bien que je ne vous aurais pas fait un coup pareil pour du vrai. Mais avoue que Celyne est fragile, par rapport à toi. D'ailleurs, regarde. Toi, aujourd'hui, tu es là. Elle a téléphoné pour dire qu'elle était malade pour la semaine. Tu vois bien ce que je veux dire.

- Non.
- Comment, *non* ?
- Continue. On verra bien si je comprends mieux.

Il me regarde de travers et commence à s'impatienter :

- Ce que je veux te dire, c'est que j'ai trouvé que tu as fait une bonne présentation de tes études de marchés.
- Il y a deux secondes, tu me parlais du chômage, à mon âge…
- Oui, enfin, je veux que tu comprennes que ce n'est facile pour personne, même pas pour moi d'ailleurs. Si tu crois que c'est drôle d'être un black dans cette boite…

Il soupire. Il me sourit. En fait, j'ai l'impression qu'il ne sait plus très bien quelle attitude adopter pour me remettre à sa botte. Pour l'instant, il tente l'opération *charme*. Je ne suis pas dupe. Je lui balance, suave :

- C'est plus grave pour toi de ne pas être bilingue.

Et toc, dans les parties basses de son individu. Je continue :

- Parce que, même si tu étais mauve avec des lignes vertes, tout le monde s'en foutrait

Et retoc ! Je vais l'achever :

- Mais permets-moi de te dire que le fait que tu ne sois pas bilingue, c'est plus grave.

Et voilà. Il est sans voix. Donc, je continue à pousser le bouchon, puisque j'ai un léger avantage :

- J'ai une petite confidence à te faire, Adal.

J'ai baissé la voix. Il se penche légèrement vers moi, attiré par le mot *confidence* sans doute.

- Ecoute-moi bien, car c'est la seule fois où je le dirai.

Je baisse encore un peu la voix et je murmure, presque en grognant. Je ne sais pas encore aujourd'hui comment j'ai fait, mais j'avais réellement l'impression de grogner, de relever les babines et de montrer les dents.

- Le seul qui doit s'en faire aujourd'hui pour son job, c'est toi. Et pas uniquement pour son job. Tu vas arrêter de jouer le grand chef, car ça ne prend plus avec nous. On a compris qui tu es. Un pauvre incapable qui n'a même pas le niveau pour gérer le plus simple de nos dossiers.
- Je t'interdis...
- Tu ne m'interdis rien du tout. Je n'ai pas peur de toi. Voilà ma confidence. Ecoute bien...

Il ouvre la bouche pour essayer de dire quelque chose.

- Tais-toi. Ecoute. Ce n'est pas ma première vie.

Je mise sur la crédulité des imbéciles. J'improvise. Je prends mon pied.

- Dans une autre vie je vivais sur le continent africain. Je vivais parmi les cobras et je tuais des panthères noires. On m'appelait Oupouaout, le chien, le chacal, celui qui protège le territoire. Alors ne réveille pas la bête sacrée qui dort en moi, sinon elle va te sauter à la gorge.

Et comme gagnée moi-même par la violence de mes propos, je sens une réelle rage monter dans mon ventre. Je pourrais le mordre et lui enlever une joue si je ne me maîtrisais pas. Je m'approche encore un peu de son visage. Je le fixe entre les deux yeux comme si j'allais l'hypnotiser. Je parle bas. Je martèle mes mots.

- Je suis… le chacal… tueur… de panthères noires… Je suis Oupouaout, celui qui protège le territoire.

Il commence à avoir sérieusement la trouille. Ses yeux bougent en tous sens et il regarde la porte comme s'il allait prendre ses jambes à son cou.

Je continue d'une voix rauque que je ne reconnais pas :

- Si tu touches encore ne serait-ce qu'à un seul cheveu de l'une d'entre nous, je te promets que la bête sacrée viendra t'égorger.

Et là, je réalise qu'il est terrorisé.

Je réalise aussi que je n'ai aucune idée de la manière dont m'est venu à l'esprit ce cinéma que je viens de lui faire. Mais ça m'est égal. Ça a fonctionné. Il est devenu gris clair et il transpire à grosses gouttes. Je sens l'odeur piquante de sa peur.

Je pose les paumes de mes mains sur le bureau et je me lève très lentement sans le quitter des yeux. J'espère qu'il ne va pas se pisser dessus ou nous faire un arrêt cardiaque, car je n'ai nulle envie de lui faire du

bouche-à-bouche en attendant les secours. Quoique…
En fait, je m'en fous complètement.

Je sors sans me retourner. Je ne claque pas la porte.
La rage s'est retirée. En retournant à mon bureau, je me
surprends même à siffloter.

Peut-être que s'il avait été moins con, il n'aurait pas
eu peur. Il aurait pu en rire, ou se fâcher et me licencier
sur le champ. Mais peu importe. Ce que je sais, c'est que
la violence extrême que j'ai ressentie à son égard n'avait
rien d'une plaisanterie. Elle était réelle.

Cet épisode surréaliste m'a fait prendre conscience
d'une puissance infinie de destruction qui se tenait
tapie dans un endroit cadenassé de mon inconscient.
Pour être honnête, je dois admettre que ça m'a fait un
peu flipper sur le moment. Ça m'a aussi fait réfléchir.
J'ai pensé : *j'espère ne pas avoir ouvert la boite de Pandore.*

Durant les quelques jours qui ont suivi, il est encore passé une ou deux fois en coup de vent au bureau. Son départ officiel nous a été communiqué par une note de service laconique nous signifiant qu'*Adal avait réorienté sa carrière…* Tu parles d'une carrière, ducon… Il est parti la queue entre les jambes, sévir sous d'autres cieux.

Notre département a été démantelé. J'ai été mutée dans une équipe dynamique de stratégie commerciale où je me suis vu confier quelques beaux budgets. Celyne a quitté l'entreprise après un sérieux burnout. Elle gère aujourd'hui la comm d'une grosse agence immobilière.

On se voit de temps en temps pour manger un petit bout. On parle de choses et d'autres, mais rarement d'Adal, juste un peu lorsqu'on se rappelle en soupirant *ce qu'il a pu nous en faire baver ce noir démon.*

Hier, elle avait l'air bizarre en s'asseyant à la table du snack où nous avons nos habitudes. Elle a fouillé dans son sac et m'a tendu son smartphone.

- Regarde ce que j'ai trouvé sur internet ce matin.

Bien que la photo soit de piètre qualité, j'ai reconnu le sourire carnassier de notre tortionnaire.

L'article disait : *Un loup attaque en plein Paris. Dans la nuit de vendredi à samedi, A.Aksoum, cadre supérieur chez FEG, a été la victime d'une agression sanglante perpétrée par une louve échappée du parc zoologique public du Muséum national d'histoire naturelle. A.Aksoum est décédé des suites de ses blessures à son arrivée à l'hôpital .*

Je ne t'oublierai jamais, Adal... Pourquoi as-tu réveillé le chacal, la bête sacrée, celle qui peut tuer d'un coup de dent ?